NOTICE

SUR

THÉOPH.-MALO DE LA TOUR-D'AUVERGNE CORRET,

PREMIER GRENADIER DES ARMÉES DE LA RÉPUBLIQUE,

PAR

M. PRIOU, DOCTEUR EN MÉDECINE,

A NANTES.

NANTES,

IMPRIMERIE DE CAMILLE MELLINET.

1842.

NOTICE

SUR

.-MALO DE LA TOUR-D'AUVERGNE CORRET,

PREMIER GRENADIER DES ARMÉES DE LA RÉPUBLIQUE,

PAR

M. PRIOU, DOCTEUR EN MÉDECINE,

LUE LE 7 SEPTEMBRE 1842,

dans

LA SÉANCE GÉNÉRALE DE LA SOCIÉTÉ ROYALE ACADÉMIQUE

DU DÉPARTEMENT DE LA LOIRE-INFÉRIEURE (1).

Son histoire n'appartient ni aux chroniques de la monarchie ni aux fastes de l'empire. De La Tour-d'Auvergne fut une des gloires de la République française dont il personnifia en lui la sublime pensée (2).

C'était un de ces hommes de caractère antique, poussant le sentiment du devoir jusqu'à ses dernières conséquences, n'ayant ni remords de l'obéissance ni honte de la pauvreté. Simple de mœurs et de langage, fier de la gloire du pays et insouciant de la leur propre; s'enfermant avec plaisir dans leur obscurité, et partageant, avec les malheureux, le pain noir qu'ils paient de leur sang (3).

D'où vient donc ce respect unanime et profond des

---

(1) Les chiffres que l'on trouve dans le cours de cette notice indiquent les notes de la page à laquelle ils correspondent, et les lettres désignent les notes qui, à cause de leur étendue, ont été rejetées à la fin.

(2) Dictionnaire de la Conversation.

(3) M. Alfred de Vérigny, poète et ex-capitaine au 55.e de ligne,

peuples que commande la mémoire de De La Tour-d'Auvergne ? C'est qu'il posséda le véritable sentiment du devoir (1) et de l'honneur (2), et qu'il fit toujours abnégation du *moi humain.*

Dieu soit loué ! Un monument vient d'être élevé à ce véritable preux, dans sa ville natale (A), et les enfants de la Bretagne pourront désormais aller au pied de ce monument commémoratif s'inspirer de tout ce qui est noble et grand, et y puiser, au besoin, l'enthousiasme de la gloire, comme autrefois ces grenadiers français ranimaient leur courage en aiguisant leurs armes sur le mausolée du maréchal de Saxe.

Théophile-Malo De La Tour-d'Auvergne Corret, descendant de la famille des Bouillon, qui avait déjà doté la France du fameux De Turenne (B), dont il retraçait

---

cité par M. Ambert, lieutenant au 10.e de dragons, auteur si attrayant des *Esquisses de l'Armée française.*

(1) Le sentiment du *devoir* fait découvrir la lumière qui conduit à la connaissance parfaite du devoir lui-même, dont le but est de réaliser, dans le monde, la fraternité par le dévouement. (Lisez les pages si remarquables de l'introduction aux Saints Évangiles, par les auteurs de l'Histoire Parlementaire de la Révolution française.)

(2) Ambitionnez l'honneur et non les honneurs. Malheur aux monarchies, a dit Montesquieu, lorsque l'honneur est mis en contradiction avec les honneurs, et qu'on peut être à la fois couvert d'infamie et de dignités.

les brillantes qualités (C), est né à Carhaix (1), petite ville de Bretagne, dans le Finistère, le 23 novembre 1743, et est *mort au champ d'honneur* (2), à Ober-Hauzen, le 9 messidor an VIII (27 juin 1800), peut-être sans se douter de sa grandeur.

De La Tour-d'Auvergne était, d'après ce proverbe breton, *Got called deus an Armoriq,* un homme dur de l'Armorik; c'est-à-dire *un homme fort et courageux,* d'une valeur remarquable, éprouvée dans mille occasions.

C'est parmi les hommes vertueux des beaux temps de la Grèce et de Rome, qu'il faut chercher un modèle pour De La Tour-d'Auvergne; car on ne trouve pas, dans les temps modernes, a dit un de ses biographes, d'illustration plus pure, et ce n'est qu'en attribuant à une seule existence les qualités de plusieurs grands hommes de l'antiquité, que l'imagination peut composer un aussi beau caractère, une vie aussi irréprochable.

Bonaparte, *ce mesureur de mérite,* comme l'appelle M. Ambert, disait, en parlant de De La Tour-d'Auvergne,

---

(1) En breton *Keraës.* Corret pensait qu'elle a été fondée par Aëtius, gouverneur des Gaules, général de Valentinieu III.

(2) Telle est la réponse, qu'après sa mort, le plus vieux grenadier de la compagnie de la 46.e faisait à l'appel du nom de De La Tour d'Auvergne, qui était conservé à la tête du contrôle de cette demi-brigade tant renommée par son courage, et dans laquelle il avait choisi son rang.

c'est *un homme de Plutarque*; c'est, qu'en effet, au courage des Léonidas et des Bayard, et au désintéressement des Phocion et des Fabricius, il joignit l'érudition des Tite-Live et des Quintilien (1).

De La Tour-d'Auvergne contracta de bonne heure un goût très-vif pour l'étude des langues; et, après avoir terminé ses études au collége de Quimper, il entra à l'école militaire de La Flèche. On le destinait à l'état ecclésiastique; mais son penchant pour la carrière des armes l'emporta sur les vues de ses parents; et, à l'âge de 23 ans (3 avril 1767), il fut admis dans la 2.e compagnie des mousquetaires noirs. On s'y occupait presque autant d'intrigues galantes que des devoirs militaires; aussi, soit que De La Tour-d'Auvergne « ne reconnût pas assez l'âme du soldat dans ces jeunes gens, intrépides dans la guerre et sybarites dans la paix; soit qu'il craignit pour lui-même l'entraînement et la contagion; soit, enfin, qu'il ne trouvât, dans le service militaire de la maison du roi, qu'une espèce de domesticité brillante, sans accord avec sa mâle simplicité, avec l'esprit guerrier des temps antiques, dont il était animé, sa place lui parut mieux marquée dans un des vieux corps de l'infanterie française; et, après cinq mois de service dans les mousquetaires, il entra dans le régiment d'Angoumois (2). »

---

(1) V. l'histoire de De La Tour-d'Auvergne que vient de publier M. A. Buhot de Kersers, avocat.

(2) Histoire de De La Tour-d'Auvergne, par M. Villenave. Nous avons emprunté quelques récits à cet habile écrivain.

Une fermeté inflexible de volonté dans l'accomplisse-
ment de ses devoirs et une indépendance, une droiture
de caractère peu commune, firent toujours remarquer
De La Tour-d'Auvergne. Doué d'une grande activité
d'esprit, il ne se laissa jamais aller aux dissipations
stériles et trop ordinaires de la vie militaire en temps
de paix. Il mit à profit les instants qui n'étaient pas con-
sacrés au service pour s'instruire dans l'art de la guerre.
De même que les illustres militaires Vauvenargues (1),
Paul-Louis Courrier (2), Foy, De La Tour-d'Auvergne
avait constamment son livre près de son épée, et sa tente
était autant le cabinet d'un philosophe que l'asile d'un
guerrier (D). Polybe, Végèce, Tacite, Folard, Monte-

---

(1) Le marquis Vauvenargues, ami de Voltaire et l'auteur de
l'*Introduction à la connaissance de l'Esprit humain*. Livre
qui console l'homme en lui apprenant à s'estimer.

(2) On a beaucoup parlé du chagrin de Courrier (*Le Béranger
de la prose*. Cormenin) qui, officier d'artillerie, travaillait avec
ardeur au grec et ne regrettait rien que son Homère pris par les
hussards autrichiens.

Alexandre, dans ses courses lointaines, emportait des livres.

> Et vainqueur armé, pour conquérir la terre,
> Alexandre, en Asie, emportait son Homère.
>
> (LEBRUN.)

C'est dans les camps que notre Descartes (E), âgé seulement de
23 ans, composa le petit, mais substantiel *Traité de la Méthode*
qui a produit une des plus grandes révolutions dont les annales
philosophiques aient conservé le souvenir.

cuculli, Bacon, Montaigne, formaient sa lecture favorite; mais les commentaires de César avaient surtout un vif attrait pour le jeune officier breton, parce qu'il y trouvait des détails précieux sur les Gaulois, dont il se proposait d'écrire l'histoire. On sait que cette noble tâche a été dignement remplie par M. Amédée Thierry.

Chargé d'un nom célèbre, car De La Tour-d'Auvergne fut formellement reconnu par le duc de Bouillon comme tenant, par la naissance, à son illustre famille, il eut la gloire de l'honorer encore, et le courage de le conserver dans le temps qu'il pouvait lui devenir funeste.

Ce fut en vain que le duc de Bouillon, à qui De La Tour-d'Auvergne avait fait rendre ses biens après notre tourmente révolutionnaire, voulut le forcer d'accepter la terre de Beaumont-sur-Eure, qui valait dix mille livres de rente. A toutes ses instances, De La Tour-d'Auvergne répondit : *Je vous remercie, citoyen* (1).

La révolution, qui devait unir les états de l'Amérique du Nord et les élever à la liberté (2), eut un grand re-

---

(1) Le poète Jasmin, d'Agen, en parlant de De La Tour-d'Auvergne, a dit : *Il ne prenait rien de personne et donnait son bien.*

(2) La destinée actuelle des Etats-Unis d'Amérique répond à tous les vœux que nous formions pour la nôtre. Ces vœux ne sont donc point des chimères : nous ne sommes donc point travaillés par la vaine ambition de l'impossible, comme le prétendent nos ennemis ; nous ne nous jetons donc point hors de la sphère humaine , en aspirant à la plénitude de l'indépendance sociale ; car la nature hu-

tentissement sur le vieux continent. De La Fayette, qui porta en lui quarante années de résistance à toutes les séductions, à toutes les menaces du pouvoir, De La Fayette allait partir, comme volontaire, pour prendre part aux combats livrés contre l'oppression en Amérique. De La Tour-d'Auvergne, déjà tourmenté du désir d'entrer dans une carrière active, ne put obtenir de le suivre. Ne pouvant servir directement la cause de l'indépendance américaine, reconnue en 1783, notre compatriote, peu après, lui prêta son appui en prenant, à la faveur d'un semestre, du service en Espagne, l'alliée alors de la France contre l'Angleterre. Louis de Berton, des Balbes de Quiers, duc de Crillon-Mahon, était sur le point de commencer la campagne de Minorque. De La Tour-d'Auvergne se présente à lui comme simple soldat et marche sous le drapeau espagnol que, plus tard, il devait combattre avec tant d'éclat.

De La Tour-d'Auvergne se distingua au siége de Port-Mahon (1782), situé dans la partie méridionale de l'île de Minorque, et défendu par les Anglais. Il brûla leurs bâtiments munitionnaires et leurs coula une frégate.

Les deux traits suivants prouvent que :

Qui veut mourir ou vaincre est rarement vaincu.

(CORNEILLE. — *Les Horaces*.)

Un peloton espagnol est vivement chargé par un parti

---

maine est libre de son essence, et la liberté est sa loi. — Aug. Thierry. *Dix Ans d'Études*.

anglais, De La Tour-d'Auvergne s'élance sur le chef, le combat corps à corps et le renverse mort. *On le galantisa de ses armes et de son uniforme* (1). Sous le feu le plus vif, De La Tour-d'Auvergne charge sur ses épaules un officier blessé et le rapporte au camp des Espagnols. Charles III lui fit offrir la décoration de son ordre et la pension qui lui était attachée. De La Tour-d'Auvergne refusa cette pension. Le duc de Crilllon, témoin de la valeur du soldat breton, lui donna le commandement du corps nombreux des volontaires qu'il n'accepta pas ; mais, rendant au général en chef estime pour estime, il voulut bien lui servir d'aide-de-camp.

Les preuves de généreux dévouements que De La Tour-d'Auvergne n'avait cessé de donner ; le refus formel de commander les volontaires, le rejet d'une pension votée par un gouvernement qui n'était pas le sien, le firent considérer par le soldat *comme le modèle du soldat.*

Malgré sa belle conduite, De La Tour-d'Auvergne n'en fut pas moins obligé de rentrer en France. Il eut des envieux. On désapprouva sa démarche ; on le menaça de *nommer à son emploi*, s'il ne quittait pas immédiatement Mahon, où il était allé de son chef. Il se plaignit des persécutions auxquelles il était en butte en disant : *qu'elles n'étaient pas propres à inspirer cette émulation qui produit de grandes choses, ni pour animer de l'amour de la patrie et de la gloire ;* mais il déclara en même

____

(1) Mot de De La Tour-d'Auvergne.

temps *qu'elles n'affaibliront jamais en lui les sentiments qu'il a toujours eus pour l'honneur et pour ses devoirs. Toutefois, écrivait-il à quelqu'un, loin que mon âme soit abattue par ce revers que toute la prudence humaine ne pouvait prévoir, il me semble au contraire que je trouve dans mon malheur même de nouvelles forces ; j'aurais trop à rougir, si je croyais avoir besoin de me justifier d'une imputation de désobéissance, et le général Falkenheim lui-même, en me mandant que ses neveux n'avaient pu obtenir de passer avec lui que parce qu'ils avaient un semestre, semble m'indiquer que je pouvais, par la même raison, suivre la même route qu'eux.*

De La Tour-d'Auvergne apprit néanmoins avec plaisir que le siége de Mahon avait été levé peu de temps après son départ.

Avec le traité de 1783, la France semblait devoir jouir pour long-temps des bienfaits d'une paix durable ; mais la révolution, préparée tout à la fois par les faiblesses d'une cour sans prévoyance (1) ainsi que par les manœuvres séditieuses d'une ambition sans frein, cette révolution, qui avait pour but réel de substituer le droit au privilége et aux abus qu'il entraîne, ne tarda pas à éclater. C'est du fond de la Bretagne qu'en partit la pre-

---

(1) Le 5 mai 1789, Necker, ministre des finances, annonça à l'ouverture des États-Généraux, à Versailles, un déficit de 56,150,000 fr. sur un budget de 531,444,000 fr., et une dette capitale de 3,090,000,000.

mière étincelle. Les disputes entre la noblesse et les citoyens y donnèrent lieu au premier engagement des partis.

En ami passionné pour la liberté (1), de La Tour-d'Auvergne se déclara pour la révolution, qui ouvrait une si belle voie aux grandes pensées; mais en restant pur, toutefois, de ses excès, « parce qu'il pensait que, dans le mouvement d'une nation vers la liberté, sa marche doit être grave, réfléchie et réglée comme celle des bataillons serrés qui, par la seule force de leur ordre, s'avancent en chassant devant eux les obstacles et sont victorieux sans porter un seul coup. » Malheureusement, la révolution, conçue à patriotique intention, se corrompit à sa source, et la pensée de la France s'élança impérieusement hors du cercle de raison et de justice qu'elle s'était tracée d'abord. Le mouvement insurrectionnel républicain s'arrêta court en Allemagne, par exemple, où il y avait beaucoup de sympathie, parce que l'anarchie succéda au premier enthousiasme de liberté sage et généreuse. On peut dire que la barbarie ne s'arrêta que devant la gloire, et la France offrit enfin, comme l'a fait

---

(1) « La *liberté*, dit M. de La Mennais, n'est pas un placard qu'on lit au coin de la rue. Elle est une puissance vivante qu'on sent en soi et autour de soi ; le génie protecteur du foyer domestique, la garantie des droits sociaux et le premier de tous ces droits. »

La liberté, qui n'est que la justice, a servi de prétexte à des misérables pour ensanglanter la terre, et M.me Roland, l'une des héroïnes de la révolution, voyant sur la place du supplice la statue de la liberté, elle s'inclina religieusement et prononça ces paroles mémorables: *O liberté! que de crimes on commet en ton nom !*

remarquer M. Villemain (1), un des spectacles les plus
curieux dans l'histoire morale des peuples. La lassitude
du crime amena des lois plus douces; une sorte de trêve
suspandit les vengeances civiles : dans cet intervalle,
l'ordre social essayait de renaître; les maux s'oubliaient
rapidement; on se hâtait d'espérer et de se confier au sol
tremblant de la France. Une joie frivole et tumultueuse
s'était emparée des âmes, comme par l'étonnement d'avoir
survécu, et l'on célébrait des fêtes sur les ruines. Ainsi,
dans les campagnes ravagées par le volcan, quand le
torrent de flammes a détruit les ouvrages et les habita-
tions des hommes, bientôt la sécurité succède au péril;
on se réunit, on se rapproche, et l'on bâtit de nouvelles
demeures avec les laves refroidies du volcan.

Sur la proposition infâme, qui fut faite à De La Tour-
d'Auvergne, de déserter la France, il répondit avec indignation : *Rien ne peut légitimer la violation d'un ser-*

---

(1) Aujourd'hui Ministre de l'Instruction Publique et ancien professeur de littérature à la Faculté des Lettres de Paris. C'est de
cet homme éminent dont notre parent, M. Frion, nous disait, peu
de temps après notre départ de Paris, en 1817 : « Le professeur
Villemain, que je continue de suivre, me fait toujours éprouver le
même plaisir. C'est la dernière espérance de notre littérature expi-
rante. C'est toujours ce même ton des développements, cette pro-
digieuse mémoire, cette finesse d'observation, cette netteté, cette
propriété, cette élégance imperturbable d'expressions. S'il avait,
comme La Harpe, cultivé la poésie et avec le même succès que lui,
il aurait été plus loin que ce grand critique. Il a des parties plus
heureuses que lui. Il a beaucoup plus de philosophie, plus de solide
érudition, plus de vivacité d'imagination dans le style. »

ment. Prenez tel parti qu'il vous plaira : je ne me règle point sur les autres ; et toute l'armée émigrerait que je n'émigrerais pas (1). Cette noble réponse était celle d'un patriote vertueux qui répétait souvent : *Périsse, périsse le lâche qui abandonne son pays au moment du danger ; jusqu'à la mort, je serai son ami fidèle et j'embrasserai sa cause jusqu'au dernier soupir.* Les mots *France* et *gouvernement*, prononcés par certaines personnes, excitaient en lui des sentiments pénibles ; *ceux de République, Patrie*, disait-il, *parlent bien mieux à mon cœur.* Aussi la patrie, a dit un écrivain célèbre, « c'est ce qui parle notre langue, c'est ce qui fait battre nos cœurs, c'est l'unité de notre territoire et de notre indépendance, c'est la gloire de nos pères, c'est la communauté du nom français, c'est la grandeur de la liberté. »

De La Tour-d'Auvergne aimait son pays et le servit

---

(1) Mirabeau, qui ne fut jamais que l'organe des droits de tous, qui protesta contre les premières violences, au début des malheurs où la révolution s'engloutit, soutint hautement « que l'émigration était un droit individuel, un des droits de la liberté, un droit de justice, et qu'ainsi nul pouvoir, quel qu'il fût, n'avait droit d'interdire l'émigration. » Oui, mais autre chose était de fuir pour conserver ses jours, ou de quitter la France pour y revenir avec des hordes étrangères ! L'un ou l'autre de ces partis ne pouvait convenir à De La Tour-d'Auvergne, qui ne connut jamais la crainte, et qui faisait de son opinion une sorte de point d'honneur national.

Le poëte Jasmin a dit, dans son langage naïf, en parlant de notre compatriote : « La mitraille était sa musique ; lui, après, d'un drapeau ne faisait point sa relique ; sa relique, l'honneur du pays la fut, et quand vint la République, comme un Bayard il la servit. »

avec un entier dévouement. Un jour, en s'entretenant avec le tribun Roujoux, l'un de ses camarades les plus chers, il dit, dans l'effusion de son cœur : *Si j'avais abandonné la France, je n'y serais jamais rentré; car on ne revient point dans le pays qu'on a trahi, sans être soupçonné de méditer une trahison nouvelle... Et quelle garantie peut-on alors donner au Gouvernement? Surprendre son indulgence, c'est déjà compter sur sa faiblesse, c'est calculer sur sa défaite.*

Quelque généreux que fussent les principes qui surgissaient en France au moment de notre grande révolution, ils épouvantèrent les cabinets européens, dont la science politique consistait à opprimer, et l'idée d'étouffer l'hydre révolutionnaire à son berceau fut bientôt résolue. L'Europe entière se ligua contre la France, avec l'espoir insensé de se la partager. Mais celle-ci, forte de son bon droit et confiante dans la justice de sa cause, fit tête à l'orage. « A l'appel de la patrie déclarée en danger, de nombreuses armées accoururent d'elles-mêmes aux frontières avec un enthousiasme sans mélange (1) », tant il est vrai « qu'il est des instants pour une nation où la meilleure musique est celle du tambour qui bat la charge (2). » Les Français, alors, ne songeaient qu'à la patrie, à la liberté et à l'égalité, qui sont les bases imprescriptibles de leur droit public. Le courage suppléa à la tactique et à l'inexpérience, et cette coalition, si in-

---

(1) Réflexion de M. Félix Bodin.
(2) Mot du poète Beranger.

solente, si impure, fut anéantie par la valeur française.

L'armée des Alpes avait pour général Montesquiou, qui enleva la Savoie, et De La Tour-d'Auvergne, placé à l'avant-garde, entra le premier dans les murs de Chambéry, l'épée à la main, le 27 septembre 1792.

Peu de temps après, c'est-à-dire en 1793, l'Espagne rompit avec la France et publia son manifeste. Au mois de mars, le général Servan reçut l'ordre d'entrer en campagne, et, dès le 23 avril, il avait pris ses positions à Andaye.

De l'armée des Alpes, De La Tour-d'Auvergne passa à celle des Pyrénées-Occidentales. Il y commanda les compagnies de grenadiers qui, pendant long-temps, formèrent l'avant-garde, désignée par l'ennemi sous le nom de *Colonne Infernale,* parce qu'elle avait toujours remporté la victoire, lorsque le corps d'armée arrivait sur le champ de bataille. De La Tour-d'Auvergne et ses braves grenadiers s'acquirent une gloire et une renommée que l'on voulut vainement flétrir. Un officier des plus distingués s'écrie dans son enthousiasme pour ces géants de l'armée : « Etaient-ce des pillards, que les soldats de De La » Tour-d'Auvergne, Colonne Infernale qui, dans le Guy-» puscoa, n'osait toucher aux fruits qui pendaient aux » arbres du verger, et disait : Paix aux chaumières (1)! »

La gloire ne consista pas, pour De La Tour-d'Auvergne, dans un courage indomptable et farouche ; mais dans la vertu unie à la valeur. Il était surtout admirable dans

(1) Ambert ; ouv. cité.

les affaires d'avant-poste et de surprise. On peut dire de lui ce qu'on disait de son aïeul Turenne : « Il vainquit » plus par des marches que par des batailles. » Infatigable, malgré des courses à pied de 50 à 60 heures de suite, il exigea souvent que le soldat harassé, qui marchait près de lui, prît son cheval. *Camarade, monte sur mon cheval, je suis las de le conduire.* Et il fallait obéir ; mais il n'aimait pas que les soldats à qui il donnait l'exemple de la subordination et de la discipline (1) s'occupassent de politique. *Nous savons,* leur disait-il, *que l'ennemi est là ; voilà tout ce que nous devons savoir.* Combattant toujours à la tête de sa compagnie, il fallait bien que ses soldats tinssent bon. Peut-on, en effet, songer à soi, quand le chef fait bon marché de sa personne ? Rien, d'ailleurs, n'est plus transmissible que la puissance de l'exemple. Le chapeau et le manteau de De La Tour-d'Auvergne, souvent troués par la mitraille, faisaient dire à ses grenadiers : *Notre capitaine a le don de charmer les balles !*

Un jour, son détachement mourait de faim, tandis que les Espagnols, retranchés derrière une rivière profonde, l'insultaient par une abondance dont ils faisaient parade. Il pétillait de colère. Point de bateaux pour aller se ven-

---

(1) Les premières qualités du soldat sont l'obéissance et la discipline ; la valeur n'est que la seconde.   NAPOLÉON.

La théorie, c'est la discipline ; et la discipline, c'est l'armée.

M. L. MERSON, *Capitaine de cavalerie,*
auteur des Scolies militaires, Chants du Régiment, 1837.

ger; mais avec l'audace et l'intrépidité, propres aux temps de la République, il s'élance dans l'eau, et, suivi de ses camarades, il les mit en possession du souper de ses ennemis.

Devant Saint-Sébastien, situé sur un rocher, au milieu de la mer, De La Tour-d'Auvergne se jette dans un esquif avec une seule pièce de huit. Arrivé sous la place, il feint que les Français ont amené toute leur artillerie. Il s'écrie qu'il va réduire cette forteresse (le fort de Maya). Le commandant, ébranlé par cette allocution énergique, lui répond : *Mais, capitaine, vous n'avez pas tiré un seul coup de canon sur la citadelle; faites-moi donc l'honneur de la saluer; sans cela, je ne puis vous la rendre.* De La Tour-d'Auvergne, à cette demande, se rend à son esquif et fait jouer la pièce de huit. La place lui répond avec toute son artillerie. L'intrépide parlementaire retourne à la citadelle et s'en fait remettre les clefs.

De La Tour-d'Auvergne se signala encore en Espagne par plusieurs autres exploits : il ouvrit le passage d'Aran, sauva l'armée à Sarre, seconda le capitaine Moncey à Castel-Pignon, déploya une rare ardeur à la prise de la montagne dite de Louis XIV (1), manœuvra avec une grande habileté à l'affaire d'Arquinzon, et s'acquit beaucoup de gloire à l'attaque de la vallée de Bastan.

Dans la même campagne, De La Tour-d'Auvergne fit

------

(1) Colline ainsi nommée, depuis le Traité des Pyrénées, en 1659.

un grand nombre de prisonniers, et s'empara des belles fonderies d'Eguy et d'Obey-Rétié, estimées plusieurs millions. Eh bien! c'est après de pareils actes, dont les résultats étaient si avantageux pour la France, où régnait l'anarchie, que l'on voulut destituer De La Tour-d'Auvergne comme noble ; mais ses grenadiers s'opposèrent à cette injustice. Le glaive de la tyrannie ne pouvait l'atteindre au milieu d'eux. Il sut, d'ailleurs, forcer la servilité au respect dû à son caractère et fit cette réponse courageuse au délégué d'un représentant qui le sommait de venir lui rendre ses hommages : *Dis à ton maître que je ne fais la cour à personne ; que je ne connais d'autre devoir que celui de combattre et de vaincre l'ennemi ; dis-lui, s'il est tout-puissant comme tu l'annonces, de mettre l'Espagnol en fuite ; je l'entends qui s'avance : je vais battre la charge.*

Un autre jour, qu'un des proconsuls envoyés aux armées lui vantait son crédit et lui offrait sa protection : *Vous êtes donc bien puissant?* lui dit De La Tour-d'Auvergne. — *Hé bien! demandez pour moi..... un régiment?* — *Non, une paire de souliers.*

Ce fait en rappelle un autre. Dans la retraite de Hollande, un enfant de troupe de la division de Brune est pris par les Anglais ; il marchait les pieds nus. *Comment peux-tu servir un pays,* lui dit le duc d'Yorck, *qui ne te donne pas même des souliers?* — *Mes souliers,* dit l'enfant, *je les ai usés à te suivre.*

Disons-le hautement, les armées de la République, où l'honneur français s'était retiré, n'eurent jamais en vue que la patrie. Lorsqu'elles manquaient de tout, lorsqu'el-

2

les n'avaient ni vêtements, ni chaussures, ni solde, ni pain quelquefois, et qu'au lieu des convois attendus il arrivait un décret de la *Convention*, déclarant qu'elles avaient bien mérité de la patrie, elles étaient satisfaites, et les acclamations de *Vive la République !* retentissaient dans les airs.

Un fait, que vient de signaler l'un de nos dignes membres de la Chambre des Députés (1), et qui est une gloire immense pour notre pays, c'est que jamais, dans aucun temps, une troupe française ne s'est révoltée pour sa solde ; jamais, faute d'argent, un régiment n'a mis l'arme au pied ; seulement, il faisait payer cher à l'ennemi sa colère, et il rejetait sur lui l'injustice dont il était victime.

Le 22 juillet 1794, la paix ayant été signée avec l'Espagne, les Français durent l'évacuer. De La Tour-d'Auvergne s'embarqua à Bordeaux sur un transport, pour se rendre en Bretagne ; mais il fut pris par les Anglais. On voulut, dans la traversée, le forcer à quitter sa cocarde tricolore ; il la passa jusqu'à la garde de son épée, et personne n'osa la lui arracher. Confiné à Bodmin en Cornwall, De La Tour-d'Auvergne conserva la même philosophie qui l'avait constamment guidé dans la pratique de la vertu. Sa constante gaîté charma ses compatriotes captifs ; enfin, il trouva un refuge, une espérance, qui ne fait jamais défaut, c'est l'étude : avec elle, dit M. Thierry, on traverse les mauvais jours sans en sentir le

---

(1) M. Chapuys-Montlaville.

poids, on se fait à soi-même sa destinée, on use noble-
ment sa vie (1).

En Angleterre, De La Tour-d'Auvergne fit ce qu'il
avait fait chez les Basques ; c'est-à-dire qu'il rechercha
s'il pouvait exister quelques rapports entre la langue,
les mœurs, les usages et les monuments des Gallois
avec ceux des Bretons. A l'aide de la langue bretonne
qu'il connaissait à fond, il put facilement entendre le langage des habitants chez lesquels il se trouvait trans-
porté, et il écrivait à quelqu'un de ses amis : *Je suis encore avec les Celtes*.

Dévoué à son pays, patient, sobre, De La Tour-d'Auvergne possédait une âme forte et indépendante. Faisant
le bien autant par humanité que par devoir, il détestait la
louange. Il déchira les pages d'un livre dans lequel on
faisait son éloge. Son désintéressement égala sa modestie. A sa rentrée en France, il était très gêné. Il alla au
comité de salut public pour y raconter sa misère et récla-
mer l'arriéré de solde qui lui était dû. Précédé d'une ré-
putation de grande probité, dès qu'on le vit, et avant
qu'il proférât une seule parole, on l'envoya au ministère
de la guerre. Quatre cents écus lui furent offerts. Il prit
cent vingt livres, et dit en se retirant : *Si j'ai de nouveaux
besoins, je reviendrai;* mais il ne revint pas.

De La Tour-d'Auvergne vit avec peine que, pendant

---

(1) Le temps de ma longue et dure détention en Angleterre, dit
De La Tour-d'Auvergne, ne fut pas sans jouissance pour moi,
puisque j'employai à écrire pour ma patrie, tout le temps que je
fus privé de combattre pour elle.

sa captivité, il avait été mis à la réforme. Il ne se plaignit pas d'une injuste mesure, et attendit que son pays cut,
de nouveau, besoin de ses services. Il se retira quelque
temps à Passy (1), près de Paris, dans une ferme où,
après avoir retrouvé son ami Paulian, il revit, avec soin,
ses *Origines Gauloises*, ouvrage fort remarquable, et dont
nous reparlerons. De La Tour-D'auvergne n'avait, alors ,
pour revenu que 800 livres de rente. *C'est beaucoup,*
disait-il, *pour un grenadier sous les armes : c'est assez*
pour un homme qui ne s'est pas fait de besoin dans la
retraite. Ainsi désabusé du monde et de ses faux biens ,
De La Tour-d'Auvergne avait compris , par expérience,
que le bonheur est dans l'étude , dans une retraite modeste et dans une honnête médiocrité. Aussi, répétait-il :
Du pain, du lait, la liberté et un cœur qui ne puisse
jamais s'ouvrir à l'ambition, voilà l'objet de tous mes
désirs. Toutefois , cet homme si simple et dont la naïveté
de mœurs touchait de si près au sublime, ne vécut jamais plus heureux qu'au milieu des camps. Plusieurs
fois il obtint un congé pour aller dans ses foyers se dé-
lasser des fatigues de la guerre ; il partait ; mais à peine
était-il à vingt lieues de l'armée, qu'il ne pouvait plus
résister aux affections qui le rappelaient sans cesse au
milieu de ses frères d'armes. On le croyait bien loin,
lorsque tout-à-coup il reparaissait parmi eux. *Mes en-*

---

(1) C'est des hauteurs de Passy, que quelques années avant ,
le vertueux Franklin avait résumé le monde. C'est de Passy que
Béranger écrivait (1833) à Lucien Bonaparte, son bienfaiteur.

fants, disait-il aux grenadiers, *je résisterai plus facilement aux fatigues de la guerre qu'au sentiment qui me ramène vers vous.*

Une amitié solide et courageuse, indépendante de toute vanité, est la vertu la plus sublime et en même temps la plus rare (1). Ce noble sentiment se révéla plusieurs fois dans De La Tour-d'Auvergne. Il apprend que son compatriote et ami Le Brigant, savant antiquaire, vient d'être séparé, par la réquisition, d'un fils, l'unique appui de ses vieux jours. Il se présente au Directoire, obtient la permission de remplacer le jeune soldat, et se rend comme simple volontaire à l'armée d'Helvétie, commandé par Masséna, surnommé l'*enfant chéri de la victoire.*

A peine les armées de la Russie nous avaient-elles enlevé l'Italie, qu'elles songèrent à nous ravir la Suisse, envahie par les légions françaises ; mais la prise de Zurich, défendue par l'armée russe, commandée par Suwaroff, causa la perte de celle-ci (25 septembre 1799). Ce fut à la générosité de De La Tour-d'Auvergne qu'un corps nombreux de cette armée dut sa conservation (2).

En Helvétie et près de Windisch, le savant guerrier reconnut une colonie romaine (l'antique Vindonissa). Il y fit des fouilles et y trouva des médailles dont il enrichit sa patrie.

---

(1) L'amitié est une fraternité dans son sens le plus élevé, et le plus bel idéal de la fraternité.　　　　(Sylvio Pellico.)

(2) Le général Caulincourt, frère du duc de Vicence, disait à l'empereur Napoléon, après la prise de la redoute de Schwardino (bataille de la Moscowa) : *Sire, les Russes sont des hommes qu'on démolit, mais qu'on ne prend pas.*

Souvent assis à la table des chefs, De La Tour-d'Auvergne était presque toujours appelé à leurs conseils. Les plans qu'il proposait furent bien des fois adoptés à l'unanimité, et quelquefois il fut chargé de les exécuter sur le champ de bataille. Il fit souvent le service de général sans vouloir le devenir, et, dans la crainte de nuire à l'avancement de ses camarades, il s'obstina toujours à rester au même grade.

A propos de la noble conduite du héros breton, nous laisserons parler le poète méridional de notre époque, dont nous avons déjà cité quelques paroles.

« Mais obscurcissant là les grands de tous les âges, il ne voyait plus d'ennemis, et, plus d'une fois, la nuit, il y en a qui l'ont vu panser les plaies qu'il avait faites ! Et n'allez pas croire, mes enfants, qu'il enviait un manteau de prince, à grand soleil, ni des croix, ni des titres ! Nenni ! des grenadiers il voulut demeurer capitaine ; et quand mille faveurs venaient pleuvoir sur lui, il refusait l'or et les grades, et disait tout bas : Camarades, passez devant pour les honneurs, moi je ne passe devant qu'en face des canons. »

Après le 18 brumaire (1799), qui faillit causer la perte de Bonaparte, et qui devint le tombeau de la révolution (1), *le sénat-conservateur* appelle De La Tour-d'Au-

----

(1) Le premier coup de politique de Bonaparte fut de chasser la représentation nationale (coup d'état dit du 18 fructidor, an v. — 3 septembre 1797), comme sa première opération militaire fut de défendre la Convention contre le peuple (journée du 15 vendémiaire, an iii. — 5 octobre 1795.)

vergne au *corps législatif..... Je ne sais point faire les lois, dit-il, mais je sais les défendre. Où servirais-je d'ailleurs la république plus utilement qu'à l'armée? J'appartiens à la patrie. Soldat, je lui dois mon bras ; citoyen, respect à ses lois.*

Le document historique suivant mérite d'être conservé. C'est une lettre de ce fameux ministre de l'empire qui *organisa la victoire*, en un mot, de Carnot. Elle vaut à elle seule un éloge digne et mérité du vaillant soldat, aux lauriers de qui nous osons à peine toucher, dans la crainte de les flétrir.

En fixant mes regards sur les hommes dont l'armée s'honore, je vous ai vu, citoyen, et j'ai dit au premier consul :

« De La Tour-d'Auvergne Corret, né dans la famille de Turenne, a hérité de sa bravoure et de ses vertus.

» C'est l'un des plus anciens officiers de l'armée ; c'est celui qui compte le plus d'actions d'éclat; partout les braves l'ont nommé *le plus brave.*

» Modeste autant qu'intrépide, il ne s'est montré avide que de gloire et a refusé tous les grades.

» Aux Pyrenées Occidentales, le général commandant l'armée (Muller) rassembla toutes les compagnies de grenadiers, et pendant le reste de la guerre ne leur donna point de chef. Le plus ancien capitaine devait commander. C'était De La Tour-d'Auvergne. Il obéit, et bientôt ce corps fut nommé par les ennemis *la colonne infernale.*

» Un de ses amis n'avait qu'un fils dont les bras étaient nécessaires à sa subsistance : la réquisition l'appelle. De

La Tour-d'Auvergne, brisé de fatigues, ne peut travailler, mais il peut encore se battre; il vole à l'armée du Rhin, remplace le fils de son ami, et, pendant deux campagnes, le sac sur le dos, toujours au premier rang, il est à toutes les affaires et anime les grenadiers par ses discours et son exemple.

» Pauvre, mais fier, il vient de refuser le don d'une terre que lui offrait le chef de sa famille. Ses mœurs sont simples, sa vie est sobre; il ne jouit que du modique traitement de capitaine à la suite, et ne se plaint pas.

» Plein d'érudition, parlant toutes les langues, son savoir égale sa bravoure, et on lui doit l'ouvrage intéressant intitulé : *Les Origines Gauloises.*

» Tant de vertus et de talents appartiennent à l'histoire; mais il appartient au premier consul de la devancer.

» Le premier consul, citoyen, a entendu ce précis avec l'émotion que j'éprouvais même; il vous a nommé sur-le-champ premier grenadier des armées de la République, et vous décerne un sabre d'honneur.

» Salut et fraternité,

» *Signé* CARNOT. »

Voici la réponse de De La Tour-d'Auvergne :

Citoyen Ministre,

Je dois placer le seul de mes titres à la distinction glorieuse qu'il a plu au premier consul de m'accorder dans les impressions beaucoup trop flatteuses que vous lui avez données des qualités que vous avez cru apercevoir en moi. Cette prévention de votre part, qui serait faite pour m'éblouir, m'inspire seulement le désir de la mériter. Dans ces sentiments, je supplie le premier consul de ne m'accorder, pour le moment, d'autre distinction que celle qui me mettrait à portée de justifier sous ses yeux le titre honorable *du plus ancien grenadier de l'armée française* (1), en me permettant de rejoindre mes braves frères d'armes en cette qualité : telle est mon unique ambition. Je m'estimerais heureux que le premier consul l'envisageât du même œil et avec la même bonté dont il a toujours regardé le dévouement des Français à la cause de la liberté; celui du soldat comme celui du général (2).

Salut et respect,
Le citoyen LA TOUR-D'AUVERGNE CORRET.

Passy, rue Basse; le 8 floréal an viii.ᵉ de la République française.

De La Tour-d'Auvergne accepta le sabre d'honneur; mais, quant au titre de premier grenadier, qu'on venait de lui accorder, il fut presque un motif de douleur pour lui, ainsi que le prouvent plusieurs de ses lettres.

Veuillez bien, je vous prie, écrivait-il à M. Guilmer, libraire à Morlaix, être l'interprète de mes sentiments

---

(1) On répète sans cesse que De La Tour-d'Auvergne ne voulut d'autre titre que celui de *premier grenadier des armées françaises*; c'est une erreur. Ce seul désir, d'ailleurs, eût dénoté un sentiment d'amour propre déplacé, et dont l'âme généreuse du soldat breton était exempte.

(2) Cette lettre n'est imprimée nulle part. Je dois à l'obligeance de M. De La Jarriette, dont le goût éclairé est si vif pour tout ce qui se rattache à la gloire de son pays, d'avoir pu la reproduire ici; car il en possède l'autographe.

de gratitude auprès de vos concitoyens, pour l'aimable souvenir dont il leur a plu de m'honorer dans votre lettre. J'ai accepté avec une reconnaissance respectueuse le sabre d'honneur qui m'a été accordé par le héros qui a acquis sur tous les Français jaloux de la gloire, de la liberté et du repos de leur pays les mêmes droits que la patrie, dont les destinées lui sont confiées. En l'acceptant, j'ai pensé qu'on ne me le mettait entre les mains que pour contribuer, avec mes frères d'armes, à conquérir la paix dans cette glorieuse campagne.

A l'égard du titre éclatant de premier grenadier de l'armée, comme cette palme du courage doit rester toujours indécise entre tous les guerriers français, tout m'a fait un devoir de m'excuser d'accepter un titre qui, sous aucun rapport, ne pouvait m'appartenir (1).

A quelque temps de là, De La Tour d'Auvergne, en répondant à un de ses amis, s'exprimait ainsi : Je n'eus jamais plus besoin de consolation que dans le moment où vous m'adressez des félicitations. Quelqu'un qui ne sut compter avec sa patrie que pour briguer l'honneur de la servir, et qui rangea toujours parmi les choses les plus in-

---

(1) Cette lettre, dont nous possédons un exemplaire, a été imprimée avec un portrait de De La Tour-d'Auvergne en tête. Ce portrait est placé dans un écusson formé de branches de laurier et entouré de drapeaux, sur lesquels sont inscrits les noms des lieux témoins de la valeur de De La Tour-d'Auvergne. Il est surmonté d'un petit portrait de Turenne. Sur les côtés, se trouvent le sabre d'honneur et le livre des *Origines Gauloises*, et, tout-à-fait au-dessous, une lance sur laquelle est écrit *Oberhauzen*.

différentes les éloges et les distinctions, pourrait-il n'être pas vivement affecté de voir attaché à ses faibles services un prix aussi énorme, aussi disproportionné? Supérieur aux craintes comme aux espérances, tout me fait un devoir de refuser un titre qui, à mes yeux, ne paraît applicable à aucun soldat français, et surtout à un soldat attaché à un corps où l'on ne connut jamais ni premier ni dernier. Je suis trop jaloux de conserver des droits à l'estime des vieux guerriers et à leur amitié, pour consentir à aliéner de moi leur cœur, en blessant leur délicatesse. Les voies où j'ai marché ont toujours été droites et faciles. J'attendais de mes services un salaire plus conforme à mes goûts et plus digne d'un homme de guerre. On devait ou les oublier, ou ne se les rappeler qu'après ma mort.

Que ces paroles peignent bien l'âme de Corret! Véritable sage sous l'habit du soldat, et qui sut toujours conserver, au milieu des règles cérémonieuses qu'on appelle la *société*, les mœurs franches et hardies des héros d'autrefois! Un homme tel que lui répand plus d'illustration sur ses ancêtres qu'il n'en peut recevoir, et, comme l'a dit Voltaire :

> *Qui sert bien son pays n'a pas besoin d'aïeux.*

Un autre écrivain a dit, avec non moins de raison :

> Des préjugés la barrière est brisée.
> L'honneur des camps ne connaît plus d'aïeux (1).

De La Tour-d'Auvergne ne pouvait pas faire révoquer le titre honorable que venait de lui conférer Bonaparte,

---

(1) M. L. Merson. V. ses *Scolies*. Inspirations d'un noble cœur, qu'anime un véritable patriotisme.

alors au zénith de sa gloire, et qui enlaçait la palme académique aux lauriers d'Arcole, car il était membre de l'*Institut* (1); mais il ne consentit jamais à signer les états d'appointements conférés au grade tout-à-fait nouveau de *premier grenadier des armées de la République française*. Plein d'énergie, quoique chargé d'années, il prit la résolution de se servir encore de l'arme d'honneur qu'on lui confiait, et dit : *Il n'est aucun de mes camarades qui ne mérite cette arme autant que moi. Allons! il faudra la montrer de près à l'ennemi. A mon âge* (il avait 56 ans), *la mort la plus désirable est celle d'un grenadier sur le champ de bataille, et je la trouverai ; je l'espère.*

De La Tour-d'Auvergne se décida donc à quitter sa chère Bretagne et ses amis. Il distribua à ceux-ci plusieurs objets (2), en leur adressant quelques paroles avec le triste pressentiment d'une mort prochaine, mais glo-

---

(1) Il fut nommé, le 28 décembre 1797, et fit partie de la classe des sciences et arts.

(2) M. Suc, né à Lorient, sculpteur à Nantes et avantageusement connu par de belles productions, pouvait espérer d'être chargé de l'exécution du monument élevé à Carhaix en l'honneur de De La Tour-d'Auvergne, puisque la commission, qui s'était formée dans le Finistère pour en assurer la réalisation, avait annoncé « que la préférence serait accordée à un artiste breton, afin que l'érection du monument fût une double gloire pour le pays ; » mais il en a été décidé autrement. M. Suc avait fait un voyage en Bretagne, dans l'intention de recueillir des renseignements sur la vie de De La Tour-d'Auvergne, et en rendant visite à M.me de Kersausie, sa parente, il en a reçu plusieurs objets appartenant au héros breton.

rieuse : *Rappelez-vous, mes chers camarades, de De La Tour-d'Auvergne.... Nous étions amis. Ma carrière va finir. L'armée est ma famille, et c'est au sein de ma famille que je dois mourir ! Toujours en paix avec ma conscience, j'ai toujours été heureux.... Je pars comblé des grâces du Gouvernement. Il croit que je vaux encore un coup de fusil. Il m'a jeté le gant : en bon Breton, je l'ai relevé. Je vais rejoindre l'armée de Moreau, mon ami, mon compatriote.*

De La Tour-d'Auvergne prit rang comme simple grenadier dans la 46.ᵉ demi-brigade, qui faisait partie de l'armée du Danube, avec laquelle le général Moreau gagna plusieurs batailles.

Le général Kray était vivement poursuivi dans sa retraite. Le 27 juin 1800, Lecourbe l'atteignit au village d'Oberhausen, près de Neubourg. Le combat s'ouvre, la division du général Montrichard se trouve la première engagée et d'abord repoussée ; mais, soutenue par la division Grand-Jean, elle reprend l'offensive. L'action est meurtrière et terrible : elle durait encore à dix heures du soir. Les munitions étaient épuisées, mais non le courage; on avait cessé de tirer, on ne se battait plus qu'à l'arme blanche, qu'avec la crosse des fusils. A l'aube du jour, De La Tour-d'Auvergne combattait sur la colline d'Oberhausen : il aperçoit un Hullan qui porte une enseigne, il s'élance pour la lui arracher; mais un autre Hullan accourt et l'atteint au cœur avec sa lance (F).

Les dernières paroles de De La Tour-d'Auverge furent celles-ci : *Je meurs satisfait. Je désirais terminer ainsi ma vie.*

L'ordre du jour, publié par ordre de Moreau, général en chef de l'armée du Rhin, prouve à quelle hauteur de renommée De La Tour-d'Auvergne se trouvait élevé.

« Mes camarades,

» Le brave De La Tour-d'Auvergne a trouvé une mort glorieuse. Les soldats à la tête desquels il combattit si souvent lui doivent un témoignage solennel de regret et d'admiration; en conséquence, le général en chef ordonne :

» 1.º Les tambours des compagnies des grenadiers de toute l'armée, seront, pendant trois jours, voilés d'un crêpe noir.

» 2.º Le nom de De La Tour-d'Auvergne sera conservé à la tête du contrôle de la compagnie de la 46.ᶜ demi-brigade, où il avait choisi son rang. Sa place ne sera point remplie, l'effectif de cette compagnie ne sera plus dorénavant que de 82 hommes.

» 3.º Il sera élevé un monument sur la hauteur en arrière d'Oberhausen, au lieu même où De La Tour-d'Auvergne a été tué. Les restes du chef de brigade Forti, commandant la 46.ᶜ, et qui a reçu la mort à ses côtés, après avoir fait des prodiges de valeur, y seront aussi déposés.

» 4.º Ce monument, consacré aux vertus et au courage, est mis sous la sauve-garde de tous les pays.

» DESSOLES, chef de l'état-major-général. »

Disons encore, à la gloire de notre compatriote De La Tour-d'Auvergne, que tout récemment (septembre 1837) le roi de Bavière a ordonné la restauration du monument élevé en son honneur. Cette louable et généreuse action n'honore pas moins le souverain qui l'a prise que celui qui en est l'objet. Sur l'une des pierres de ce monument modeste, que les Allemands nomment *le tombeau du brave,* on lit ces deux vers du roi poète :

Wer seinen tod im heiligen kampfe fand
Ruth auch in fremder erd'in vaterland.

C'est-à-dire :

Celui qui meurt dans une lutte sacrée, trouve pour le repos une patrie, même dans la terre étrangère.

L'homme est partout le même, et tout ce qui rappelle en lui les idées de valeur, de courage et d'héroïsme est bien sûr de faire vibrer toutes les cordes de son cœur. Aussi, le tombeau de De La Tour-d'Auvergne est-il et sera-t-il toujours un objet sacré pour les braves de toutes les nations (G.).

Les grenadiers que De La Tour-d'Auvergne avait si souvent conduits à la victoire le pleurèrent. Son cœur, renfermé dans une boîte d'argent et confié au plus ancien sergent de la compagnie où il avait été incorporé, a été porté dans la plupart des capitales européennes occupées par les armées victorieuses de Napoléon. Ce n'est qu'en 1814 que l'on cessa de rendre cet hommage à la mémoire de l'illustre breton.

Après le licenciement de l'armée de la Loire (1.ᵉʳ août 1815), le cœur de De La Tour-d'Auvergne fut déposé aux Invalides à Paris, et son sabre y fut appendu avec les drapeaux conquis sur l'ennemi.

Nous en avons dit assez sur De La Tour-d'Auvergne, soldat intrépide, mais humain, honoré de tous, parce qu'il porta dans l'armée cette trempe héroïque de caractère digne des temps antiques. Nous allons maintenant le considérer comme homme lettré et comme écrivain.

L'histoire de son propre pays fut toujours pour lui le principal objet de ses méditations et de ses travaux. Il y rapportait tout. Dans quelque lieu qu'il se trouve, il compare les mœurs et les usages ; il en étudie les différents idiomes ; il en visite les monuments afin de découvrir les affinités qui peuvent exister entre eux et ceux des anciens Celtes, lesquels, selon De La Tour-d'Auvergne, ont été les premiers peuples de la Gaule, et, par conséquent, les ancêtres des Armorikains ou Bas-Bretons, et des Gallois improprement appelés Grands-Bretons.

C'est à l'ardent amour de De La Tour-d'Auvergne pour l'étude de l'antiquité, que nous lui sommes redevables de deux ouvrages remarquables.

Le premier, imprimé à Bayonne, en 1792, a pour titre : *Nouvelles recherches sur la langue, l'origine et les antiquités des Bretons, pour servir à l'histoire de ce peuple ;* par M. L. T. D. C. (1), capitaine au 80.ᵉ régiment d'infanterie, de l'Académie espagnole, de l'Histoire et du Musée de Paris, avec cette épigraphe :

> *Unius œtatis sunt res quœ fortiter fiunt ;*
> *Quœ verò pro patriâ scribuntur, œternœ sunt.*
>
> Veget.

---

(1) Ces initiales L. T. D. C., signifient La Tour-d'Auvergne Corret. Ce dernier nom est celui que préférait le soldat breton, qui était *noble* d'origine. C'est ce qui nous a engagé à faire précéder son nom de la particule *De*.

Dans cet écrit, De La Tour-d'Auvergne se livre à des investigations aussi curieuses que pénibles, pour découvrir l'origine des Bretons Armorikains, mais il avoue, avec sa modestie, que l'entreprise est au-dessus de sa portée, que d'autres pourront mieux que lui élever un monument durable et digne d'être consacré à son pays ; enfin, que son travail ne doit être considéré que comme un jalon propre à guider ceux qui seraient tentés de suivre la même route.

La deuxième partie de cet ouvrage, fort rare aujourd'hui (1), se compose d'un *Glossaire polyglotte, ou tableau comparatif d'un grand nombre de mots grecs, latins, français, espagnols, italiens, allemands, irlandais, anglais, etc., qui, pour la forme et le sens, ont encore conservé de nos jours le plus grand rapport avec le celto-breton de l'Armorique, et paraissent avoir appartenu primitivement à cette langue.*

Ce travail porte l'épigraphe suivante, tirée d'Ovide :

> *Facies non omnibus una ;*
> *Nec diversa tamen, qualem decet esse sororum.*

Les langues citées dans ce glossaire sont au nombre de quarante-et-une. Pour composer un pareil ouvrage, il fallait donc une connaissance approfondie des divers idiomes. Il fallait surtout être animé d'un zèle d'érudition

---

(1) Un de nos amis possède ce précieux petit ouvrage qu'il a bien voulu nous communiquer. Nous eussions bien désiré qu'il en gratifiât la Bibliothèque de Nantes, qui ne possède que les *Origines Gauloises.*

peu commun, qui ne peut être compris que de ceux qui savent apprécier le bonheur que procure l'étude.

Mon cœur, dit De La Tour-d'Auvergne, passa tout entier dans cet ouvrage : comme soldat, je me suis peu attaché à y relever l'uniformité du style par des épisodes agréables, à entourer mon savoir de roses et de jasmin (1). Vrai, naturel et simple, j'ai cherché à contenter ici la raison, bien plus qu'à satisfaire la curiosité et le goût.

Enfin, aux recherches sur la langue des Bretons, est joint un *Précis historique sur la ville de Keraës, en français Carhaix, dans le département du Finistère, et sur l'étymologie de son nom.*

Les réflexions et les raisonnements qu'on y trouve, ainsi que le fait remarquer l'auteur, ne portent pas sur des objets imaginaires et sur des avantages chimériques : ce sont les vues d'un citoyen zélé, qui aperçoit le bien public et le désire; il ne propose point de projets impossibles dans leur exécution, ce sont des entreprises faciles et utiles à la gloire de la nation comme au bonheur des particuliers.

Le second ouvrage de De La Tour-d'Auvergne est intitulé : *Origines Gauloises, celles des plus anciens peuples de l'Europe, puisées dans leur vraie source, ou Recherches sur la langue, l'origine et les antiquités des Celto-Bretons de l'Armorique, pour servir à l'histoire ancienne et moderne de ce peuple et à celle des Français* (2).

---

(1) Le style rose et frais n'est que de l'enluminure.

Cormenin.

(2) Imp. à Hambourg, 3.e édit. 1801.

L'auteur cherche à y démontrer les rapports physiques et moraux des Bretons de l'Armorique avec les anciens Gaulois, et à établir l'identité de la langue de ces deux peuples, sur la conformité qui règne encore entre le bas-breton et la langue en usage dans les diverses contrées de l'Europe et de l'Asie, où les Gaulois portèrent leurs armes victorieuses et formèrent des établissements. Toujours en présence de l'objet de ses recherches, rien ne coûte à ses investigations. Il interroge tour-à-tour l'Edda, Hérodote, Pomponius Méla, Denys d'Halicarnasse, Platon, Élien, Pausanias, Pline, Tacite, les légendaires, César et les simples habitants du Finistère. Il consulte les inscriptions de la morale druïdique; examine avec soin ces pierres brutes du culte celto-gallique, encore debout, dans notre province, et qui ne disent rien à l'esprit du vulgaire, tandis que pour De La Tour-d'Auvergne ce sont des documents précieux, à l'aide desquels il explique l'origine d'un peuple dont le souvenir des hommes a à peine conservé le nom.

C'est en envoyant de Passy-sur-Seine, au citoyen Guilmar, libraire à Morlaix, ses *Origines Gauloises,* que De La Tour-d'Auvergne lui écrivait ce qui suit, le 25 floréal an VIII de la république : « En vous adressant un certain nombre d'exemplaires de mon ouvrage, il n'entra jamais dans ma pensée d'en taxer le prix. Mes concitoyens y mettront un bien grand, s'ils consentent à le lire. Il leur sera facile d'y découvrir les sentiments qui ont dirigé ma plume; je les ai tous puisés dans un attachemement sans bornes au pays qui m'a vu naître. S'il s'y est glissé quelques fautes, celles de l'esprit obtiendront peut-être l'indulgence de nos compatriotes Bretons. Mais je n'aurai jamais besoin d'aucun pardon pour celles du cœur. »

On a osé traiter de rêveries les recherches savantes et fort curieuses de notre illustre compatriote ; mais il n'y a rien là qui doive étonner ; car il est plus commode de se mettre au niveau des hommes supérieurs en cherchant à les rabaisser, que de s'élever soi-même, à leur rang, par la persévérance et par le travail. Homme de science, De La Tour-d'Auvergne a rassemblé des faits , proposé ses idées et s'est créé un système ; mais vrai ou faux , ce système prouve sa haute capacité d'intelligence et n'a causé aucun mal , n'a pas coûté une goutte de sang. C'est l'œuvre d'un honnête homme qui a le privilége d'être un habile érudit. Rien n'est plus importun que le faux bel-esprit, quand il veut juger le génie !

De La Tour-d'Auvergne faisait partie de l'*Académie Celtique*, aujourd'hui *Société Royale des Antiquaires de France*, et qui compte parmi ses membres l'amiral Bruix, les maréchaux Brune et Macdonald, les généraux Desaix, Kléber, Beurnonville , Menou, Miollis, Andréossy , etc.

Le nom de De La Tour-d'Auvergne, si profondément buriné dans l'histoire , est inscrit parmi ceux des défenseurs de la patrie , sur l'*Arc de Triomphe de l'Étoile*, ce gigantesque monument de la grande pensée de Napoléon , et destiné à perpétuer le souvenir des victoires des armées françaises sous la république et sous l'empire.

Le buste de De La Tour-d'Auvergne figure, dans la salle des maréchaux, au palais des Tuileries à Paris, et dans les galeries du Musée de Versailles, véritable sanctuaire patriotique, qui, comme l'a dit si heureusement M. le comte Alexandre Delaborde, présente à l'orgueil et à la curiosité nationale tout ce que la France possède dans ses annales de hauts-faits, d'hommes illustres, d'artistes distingués, archives parlantes de la plus glorieuse des histoires, renfermée dans le plus magnifique des palais (1).

Ombre illustre et vénérable, reçois notre hommage. En t'offrant comme un modèle de grandeur, de perfection, d'honneur et de patriotisme, nous n'avons agi que sous l'inspiration de notre cœur, et, si tes mânes pouvaient être satisfaites, il recevrait la seule récompense qu'il ambitionne. Tes actions n'ont jamais démenti tes paroles ; et cette foule de mots heureux, et ces traits de bravoure qui marquèrent chaque jour de ta vie , que nous avons pris tant de plaisir à rappeler, disent plus en ta faveur que tout ce que l'imagination la plus brillante pourrait enfanter. Dors en paix au sein de l'éternité ! La gloire et les éloges accompagneront toujours ton nom.

---

(1) Le musée de Versailles est la grande œuvre de Sa Majesté Louis-Philippe I.er, et l'on se souviendra, avec une vive indignation, que, pendant qu'il s'occupait d'en tracer les admirables dispositions, d'infâmes assassins attentaient avec acharnement à ses jours.

NOTES EXPLICATIVES.

(A) L'inauguration de la statue de De La Tour-d'Auvergne a eu lieu le 27 juin 1841, sur le champ de bataille, à Carhaix. Voici ce qu'on lit dans *le Français de l'Ouest,* nouveau journal imprimé à Saint-Brieuc (département des Côte-du-Nord) : « La statue du héros breton est admirable de pose et d'expression. Toute la générosité de cette âme héroïque respire sur cet austère visage amaigri par les veilles , mais toujours animé par les nobles passions du citoyen. Le vieux Bonnard, qui combattit dans les mêmes rangs que La Tour-d'Auvergne , a tressailli en le voyant ; il semblait retrouver, dans ce bronze, les traits de son illustre compagnon d'armes. Votre œuvre est belle, M. Marochetti ; elle est digne de l'artiste qui avait déjà reproduit l'image de Philibert-Emmanuel.

La hauteur de la statue est de 2 mètres 27 centimètres (7 pieds). Le moment de la vie du héros est celui où, recevant le *sabre d'honneur*, il le saisit et le presse sur sa poitrine en disant, du regard et du geste, qu'il en fera bon usage.

(B) Turenne (Henri de La Tour-d'Auvergne, vicomte

de), né en 1611, maréchal de France en 1644, maréchal-général en 1660, mort en 1675. On ne lira pas sans intérêt la curieuse généalogie qui vient d'être publiée (1840) dans la biographie du clergé contemporain, article *De La Tour-d'Auvergne Lauraguais.*

« Hugues-Robert-Jean-Charles De La Tour-d'Auvergne Lauraguais, cardinal, évêque d'Arras, est né à Anzeville, en Languedoc, le 14 août 1768.

Par son père, le marquis du même nom, seigneur dudit Anzeville et de Saint-Paulet, il descend d'une des plus anciennes et des plus illustres familles de France.

Sa mère, Mlle d'Aumale, était aussi une personne de très-haute qualité.

En l'an 1016 environ, Louis V, dit le Fainéant, fut pris et enfermé dans la *tour des Creusis*, par son cousin le comte de Vermandois; ce que voyant, Géraud, jeune page de la haute maison d'Aquitaine, réunit plusieurs vaillants hommes et forma une conjuration pour délivrer le roi. L'heure du rendez-vous fut donné; on prit un mot de ralliement, et, la nuit suivante, une tentative fut faite; mais elle échoua.

Pour unique prix de sa fidélité, le chef, depuis lors, eut un surnom où s'est perdu son nom primitif, c'était le mot de ralliement *la Tour.*

Il y eut ensuite, dans cette lignée, Sainte-Adélaïde, femme de Hugues Capet; Humbert de La Tour, dauphin de Viennois; Marie de La Tour, qui épousa Laurent de Médicis, et donna le jour à la fameuse Catherine, reine de France; le grand Turenne, enfin, dont le duc de Bouillon n'a pas, quoi qu'on en dise, emporté le nom dans sa tombe, le 7 février 1802.

Nous avons encore à nommer, parmi ceux de nos jours, Malo De La Tour d'Auvergne Corret, premier grenadier de France, et le général De La Tour-d'Auvergne Lauraguais, frère aîné du cardinal, maréchal-de-camp, chevalier de St.-Louis et de la Légion-d'Honneur, et ancien membre de la Chambre des Députés en 1815 , qui possède le cœur de Malo Corret (1), si long-temps porté en tête de sa demi-brigade, et celui de Turenne.

(C) Si l'on établit un parallèle entre ces deux héros , beaucoup préféreraient être Corret. En effet, Turenne fut battu à Mariendal , à Rhetel, à Cambray : De La Tour d'Auvergne ne le fut nulle part. — Lors des troubles de la minorité (1649), entraîné par la duchesse de Longueville , opposée à la cour, Turenne voulut séduire les troupes qu'il commandait en Alsace. Corret, alors que tous les officiers quittaient leur corps en fuyant leur patrie , resta fidèle à son drapeau : loin de quitter l'armée, il brigua toujours les avant-postes. Il battit continuellement les Espagnols. — Turenne changea de parti; Corret ne cessa de servir la République. — Turenne sauva la reine-mère et son ministre (1652) par le combat de Blenau : Corret sauva la République dans vingt combats. — Turenne fut tué (1674) par un boulet de canon, près du village de Salzbach; Corret mourut d'un coup de lance au cœur. (*V. les Orig. Gaul.*)

(D) Parmi les militaires contemporains qui se sont distingués par les hautes capacités que donne ou déve-

____

(1) Ce cœur a été attribué par jugement à la famille de Kersausie.

loppe l'étude, on peut citer: dans *les sciences*, les généraux Haxo, Roguiat, Bernard; les colonels Puissant, Denaix, Lapie; le capitaine d'artillerie Poncelet. — *Dans l'histoire*, les généraux Math. Dumas, Philippe de Ségur; l'officier d'ordonnance de Norvins, le colonel de Saint-You. — *Dans l'histoire et les théories de l'art de la guerre*, les généraux Jomini, Vaudoncourt, Préval, Chambray; le colonel de Brack, le capitaine Ambert. — *Dans l'éloquence*, les généraux Foy, Sébastiani et Lamarque. — *Dans les lettres*, l'officier d'artillerie P.-L. Courrier, MM. Salvandy, Viennet et Alfred de Vigny. — *Dans les beaux-arts*, le général Lejeune, le colonel Bory de Saint-Vincent, et l'officier d'ordonnance Michel Carafa, qui a reçu ses lettres de naturalisation dans les rangs de la grande armée, et sur notre scène lyrique.

Cette note est extraite des *Scolies Militaires*, par M. le capitaine de cavalerie L. Merson, dont le nom peut figurer avec avantage parmi ceux qu'il a cités. C'est de ces braves militaires qu'un écrivain célèbre de nos jours aura voulu parler, quand il a dit que le soldat français *était une baïonnette intelligente*.

(E) Descartes, né accidentellement en Touraine, est bien certainement Breton. On peut voir à ce sujet les explications que nous avons données dans nos *Recherches sur l'état de situation des Écoles Primaires à Nantes*, etc., en 1834, 1835 et 1836 (8.ᵉ vol. de ce recueil, p. 368.)

(F) L'histoire ne dit pas que des secours chirurgicaux aient été administrés à De La Tour-d'Auvergne.

Peut-être eût-on pu le sauver en fermant la plaie; car aujourd'hui la saine chirurgie *veut que toute plaie pénétrante ou non pénétrante de la poitrine, avec ou sans lésion des parties intérieures, soit réunie immédiatement.* Si l'indication de faire la réunion dans les plaies, avec simple pénétration, est précise, elle l'est bien d'avantage, s'il existe une hémorrhagie; car cette réunion est le meilleur moyen de l'arrêter par la formation successive des caillots. La crainte des épanchements de sang ne doit point retenir; car les inconvénients attachés à leur formation, sont moindres que ceux qu'entraîne l'effusion non interrompue du sang au dehors. D'ailleurs, s'ils sont légers, ils se dissipent par la résorption; plus graves, plus abondants, ils exigent consécutivement la thoracentèse ou l'ouverture de la poitrine à sa partie la plus déclive. (V. notre mémoire sur les plaies pénétrantes, imprimé dans les mémoires de l'Académie Royale de Médecine.)

(G) De tout temps l'étranger a su rendre justice à la valeur et à la magnanimité des Français. Après l'affaire de Nervinde, le comte de Salm, blessé, fut retenu à Tirlemont. Le maréchal de Luxembourg lui rendit des soins assidus : « Quelle nation êtes-vous? lui dit le prince; il n'y a point d'ennemis plus à craindre dans une bataille, ni d'amis plus généreux après la victoire. »

Le prince Henri de Prusse, frère de Frédéric-le-Grand, et grand général lui-même, disait, en parlant du duc de Rivoli, prince d'Essling : « Le général Masséna, plus heureux que Léonidas, a deux fois défendu et sauvé sa patrie; deux fois, avec des forces inférieures, il a battu des armées ennemies qui, fières de leur supériorité, ne comptaient que sur la victoire. »

C'est dans une bourgade d'Allemagne, pays occupé, partagé et remué en tout sens par les armées de Napoléon et les lois françaises, qu'on a trouvé ces vers :

> Si, dans les fastes de mémoire,
> Vous ne comptez beaucoup d'aïeux,
> En voyant vos travaux, en comptant vos blessures,
> On sera convaincu, chez les races futures,
> Que vous sortiez du sang des dieux.

NANTES, IMPRIMERIE DE CAMILLE MELLINET. — 35,623.